Matthias Geipel

Latein als Vertragssprache innerhalb Europas. Übersetzung des deutsch-tschechischen Aussöhnungsvertrages

Plädoyer für die Verwendung der europäischen „Muttersprache" in der Gegenwart

GRIN Verlag

Bibliografische Information der Deutschen Nationalbibliothek:

Die Deutsche Bibliothek verzeichnet diese Publikation in der Deutschen National-
bibliografie; detaillierte bibliografische Daten sind im Internet über http://dnb.d-
nb.de/ abrufbar.

Impressum:

Copyright © 1997 GRIN Verlag GmbH
Druck und Bindung: Books on Demand GmbH, Norderstedt Germany
ISBN: 978-3-656-92983-3

Dieses Buch bei GRIN:

http://www.grin.com/de/e-book/295148/latein-als-vertragssprache-innerhalb-
europas-uebersetzung-des-deutsch-tschechischen

GRIN - Your knowledge has value

Der GRIN Verlag publiziert seit 1998 wissenschaftliche Arbeiten von Studenten, Hochschullehrern und anderen Akademikern als eBook und gedrucktes Buch. Die Verlagswebsite www.grin.com ist die ideale Plattform zur Veröffentlichung von Hausarbeiten, Abschlussarbeiten, wissenschaftlichen Aufsätzen, Dissertationen und Fachbüchern.

Besuchen Sie uns im Internet:

http://www.grin.com/

http://www.facebook.com/grincom

http://www.twitter.com/grin_com

Latein als Vertragssprache innerhalb Europas

Plädoyer für die Verwendung der europäischen „Muttersprache"
in der Gegenwart

TRANSLATIO
DECLARATIONIS GERMANICAE-CECHICAE
DE NECESSITVDINIBVS MVTVIS

von: Matthias Geipel,
Wilhelm-von-Humboldt-Gymnasium

Schuljahr: 1997/98

Fach: Latein

Inhaltsverzeichnis

1. Vorwort

Gegenstand dieser Facharbeit ist die deutsch-tschechische Erklärung, die am 20. Dezember 1996 die Außenminister der beiden Länder unterzeichneten.

Dieser Vertrag wurde zum Zweck geschlossen, um, wie die Bezeichnung „Aussöhnung" treffend beschreibt, nach jahrelanger Orientierungslosigkeit in den beiderseitigen Beziehungen ein Zeichen der Freundschaft zu setzen.

Ausgehend von einem Zitat aus einem „Spiegel"-Interview, in dessen Verlauf Dr. Eichenseer (u.a. Dozent für Lebendes Latein an der Universität Saarbrücken) Latein als juristisch äußerst geeignete Sprache charakterisiert, habe ich mir in dieser Facharbeit zum Ziel gesetzt, einen aktuellen Vertragstext ins Lateinische zu übersetzen und an ihm die Eignung dieser Sprache in unserer heutigen Zeit und das Fortleben des ciceronianischen Stils darzulegen. Auch ich vertrete die Auffassung Eichenseers, der sich in besagtem Interview über die lateinische Sprache wie folgt äußert:

> *„Ihre Präzision und Schärfe – Eigenschaften, die Latein ... als europäische Gesetzes- und Verwaltungssprache geradezu prädestinieren".*

zitiert in: „Die Bedeutung des Lateinischen für ein vereintes Europa", /1/, S. 167

Im folgenden Teil dieser Facharbeit findet sich nun die Übersetzung des Vertragstextes, der sich mit den teilweise sehr traurigen Abschnitten der Vergangenheit zwischen der Bundesrepublik und Tschechien befasst. Inhalt und Sinn der Erklärung ist dabei keinesfalls ein Arrangieren mit der Vergangenheit; vielmehr sind sich beide Seiten bewusst, dass es einer Aufarbeitung der gemeinsamen dunklen Zeit bedarf.

In dem sich daran anschließenden Aufsatz möchte ich noch etwas näher auf die Eignung des Lateinischen eingehen, indem ich auch Bezug auf Cicero nehme, der (zusammen mit Caesar) der lateinischen Sprache eine feste Norm gab, und sich somit auch verantwortlich für den Stil des späteren Humanistenlatein zeichnen kann.

Nicht zuletzt möchte ich auch auf meine Übersetzung selbst eingehen, wenn ich die Gestaltung des lateinischen Textes an einzelnen einleuchtenden Beispielen darstelle. In einem 'Schlussplädoyer' werde ich mich noch einmal über die Vorzüge des Lateinischen als 'Universalsprache' äußern.

2. Translatio foederis amicitiae

Magistratus rei publicae foederatae Germaniae et rei publicae Cechiae –

et memores pacti, quod ante diem quartum Kalendas Martias A.D. MCMXCII[*] res publicae foederatae et Germaniae et Cechiae Slovaciaeque de bona vicinitate et collaboratione familiari confecerunt, quo Germani et Cechi se reconciliaverunt,

et permoti temporibus diuturnis, quibus Germani et Cechi cum finitimo utiliter placideque convivebant et plurimas res creabant, quibus cultus atque humanitas augebantur quaeque adhuc constant,

et persuasi iniuriam commissam non infectam quidem fieri, leniri tamen posse, neque aliam iniuriam nasci oportere,

et conscii rem publicam foederatam Germaniae rem publicam Cechiae vehementer adiuvare, ut in Societatem Europaeam atque Confoederationem Atlanticam Septemtrionalem recipiatur, quia eis persuasum est hanc esse voluntatem utriusque populi,

et confidentes se ambo in rebus communibus fide atque sinceritate uti velle, quae fundamenta sunt futurae et solidae amicitiae – communiter declarant:

——————— I ———————

Utraque pars sibi conscia est officium ac munus hoc esse, ut vicinitatem ac amicitiam in rebus Germanicis-Cechicis augeat et magnum momentum ad formandam Europam, quae in unum nunc coalescat, afferat.

Rebus publicis foederatis Germaniae et Cechiae hodie bona rei publicae liberae communia sunt, iidemque iura hominum et libertatem et ius gentium maximi aestimant, instituta rei publicae legibus constitutae colunt, pacem sequuntur. Hoc fundamento posito vehementer student pro gravibus necessitudinibus mutuis collaborationem in omnibus rebus una persequi.

---

[*] cf. Tabelle (Interpretation)

Utraque pars simul sibi conscia est una in tempus futurum contendentibus sincere aperteque loquendum profitendumque esse de rebus praeteritis, cum non ignorent causam et effectum rerum gestarum recto ordine esse conspicienda.

II

Pars Germanica se auctorem esse profitetur rerum gestarum, quae ad Conventionem Monachiensem A.D. MCMXXXVIII factam duxerunt, ad fugam expulsionemque hominum e finibus Cechoslovaciae, ad distractionem occupationemque rei publicae Cechoslovaciae.

Eandemque miseriarum et iniuriarum populo Cechico a Germanis illatarum facinoribus socialistarum nationalium paenitet. Pars Germanica in honore habet eos, qui vi et dominatione nationali-socialistica affecti sunt, et eos, qui illi dominationi resistebant.

Pars Germanica etiam sibi conscia est e vi et iniuria nationali-socialistica populo Cechico illatam bello finito fugam, expulsionem, iniuriam exstitisse.

III

Pars Cechica dolet, quod et expellendis post bellum et deportandis per vim Germanis Sudeticis e pristina Cechoslovacia et adimendo possessionem iuraque civilia hominibus culpa vacuis miseria iniuriaque magna facta est, praesertim in eo, quod crimen universis vitio vertebatur. Imprimis delictorum paenitet, quae contra humanitatem et normas quoque eo tempore ratas commissa erant; paenitet praeterea factum esse, ut ea delicta per legem CXV ante diem octavum Idus Martias A.D. MCMCLVI non iniusta ducerentur et propterea haec facinora non punirentur.

IV

Ambae partes iniuriam commissam nunc praeteritam esse consentiunt, itaque necessitudines communes ad res futuras convertent. Ideo potissimum, quia semper consciae erunt rerum gestarum suarum, in communitate instituenda dialogum atque consensum maxime observandos esse censent, ita ut pars altera et iura sua observet et alterius partis iura vereatur.

Quapropter utraque pars se res suas non controversiis publicis aut civilibus, quae ex rebus gestis existere solent, oneraturam esse declarat.

V

Utraque pars confirmat officia sua in legibus XX et XXI pacti de bona vicinitate atque collaboratione familiari ante diem quartum Kalendas Martias A.D. MCMXCII conscripti, in quo iura minorum populi partium, i.e. et Germanorum, qui in re publica Cechiae vivunt, et illorum, qui a Cechia oriundi in re publica foederata Germaniae vivunt, confirmata sunt.

Utraque pars eam minorem populi partem atque eas personas magni ad res communes momenti esse conscia est constituitque se protinus eis favere velle.

VI

Ambae partes pro certo habent aditu rei publicae Cechiae in Societatem Europaeam et facultate in ea regione domicilium eligendi facta convictum Germanorum Cechorumque faciliorem factum iri.

Qua in re se esse contentos confitentur, quod propter Conventionem Europaeam de consociatione inter rem publicam Cechiae et Societates Europaeas et eorum civitates factam progressus magni collaborationis oeconomicae, facultatium industriae liberi commercii et industriae conductorum ex lege XLV huius pacti effecti sint.

Ambae partes paratae sunt in probandis petitionibus eorum, qui mansionem aditumque ad mercatum laboris exigunt, intra ius suum praecipue rationem habere causarum humanarum aliarumque, imprimis earum, quae necessitudines cognatorum et familiarum ceterasque attinent.

VII

Ambae partes fiscum Germanicum-Cechicum pro rebus futuris instituent. Pars Germanica ei fisco quotannis summam milies quadringenties centena milia marcarum[*] praestabit. Pars

---

[*] cf. Tabelle (Interpretation)

Cechica summam quater milies quadringenties centena milia coronarum dabit. Administratio communis huius fisci alio tempore constituenda est.

Is fiscus communis ad res ex usu partis utriusque gerendas conducet (velut congressus adulescentium, curam senum, aedificationem atque curam sanatoriorum, curationem et renovationem monumentorum ac sepulcrorum, auxilium minorum populi partium, incepta communia, institutiones Germanicas-Cechicas colloquiorum, institutiones scientificas oecologiamque communem, eruditionem linguarum, collaborationem utriusque rei publicae).

Pars Germanica se curam praecipuam atque laborem eorum hominum, qui victimae iniuriae et violentiae nationalis-socialisticae sunt, impendere debere profitetur. Qua de causa talia incepta praecipue pro victimis iniuriae nationalis-socialisticae instituenda sunt.

——— VIII ———

Ambae partes progressionem historicam necessitudinum inter Germanos et Cechos communiter exquirendam et explorandam esse, imprimis primae partis huius saeculi, consentiunt, eaque de re negotium adhuc efficax consilii historicorum Germanici-Cechici perseverandum esse censent.

Utraque pars simul traditis litteris artibusque conservandis et excolendis, quae Germanos et Cechios coniungunt, viae communi in tempus futurum ducenti maxime faveri posse ducunt.

Ambae partes institutionem Germanicam-Cechicam colloquiorum instituere constituunt, quae imprimis opibus fisci communis pro rebus futuris Germanici-Cechici destinati aletur, et in quo sub magistratu utroque atque cum omnibus sociis, quibus bona amicitia Germanica-Cechica cordi est, dialogus inter Germanos et Cechios colendus est.

Praga, ante diem duodecimum Kalendas Februarias A.D. MCMXCVII

Pro magistratibus rei publicae foederatae Germaniae

Pro magistratibus rei publicae Cechiae

3. Verwendete Termini

In dieser kurzen Zusammenstellung habe ich alle im Text vorkommenden „modernen" politischen Begriffe chronologisch aufgeführt. Einerseits soll diese Aufstellung einen Überblick darstellen, viel wesentlicher aber ist mir, zu zeigen, daß selbst bei solchen Übertragungen die lateinische Sprache keine Schwächen zeigt. Es gelingt ihr, treffend einen Sachverhalt auszudrücken, ohne auf neuere „Erfindungen" von Wörtern zurückgreifen zu müssen – im Gegenteil, sie kommt vollends mit dem klassisch-lateinischen Wortschatz aus. Auf diese Zusammenstellung werde ich später noch einmal Bezug nehmen.

Regierung	magistratus
Bundesrepublik Deutschland	res publica foederata Germaniae
Tschechische Republik	res publica Cechiae
Europäische Union	Societas Europaea
Nordatlantische Allianz (NATO)	Confoederatio Atlantica Septemtrionalis
Menschenrechte	iura hominum
Völkerrecht	ius gentium
Rechtsstaat	res publica legibus instituta
Münchener Abkommen	Conventio Monachiensis
Nationalsozialismus	socialismus nationalis
Europaabkommen	Conventio Europaea
selbstständige Erwerbstätigkeit/	industria liberi commercii/
unternehmerische Tätigkeit	industria conductorum*
Arbeitsmarkt	mercatus laboris
Zukunftsfonds	fiscus pro rebus futuris
Gesprächsforum	institutio colloquiorum
Historikerkommission	consilium historicorum

---

* aus: „Lexicon auxiliare", s. Quellenangabe

4. Interpretation: Der Vertragstext und die klassische Rhetorik

4.1 Cicero als Vorbild für das Humanistenlatein

Im Humanismus wurde Ciceros Stil als nachzuahmendes Ideal angesehen. Man wollte das „verwilderte" Latein, das sich durch den Einfluss germanischer und slawischer Dialekte verfärbt hatte, bereinigen. Unter dem berühmten Straßburger Humanisten und Pädagogen Johannes Sturm (1507–1589), der „den Cicerokultus förmlich organisierte" (/2/, S. 803), mussten Studenten den Periodenbau Ciceros genauestens analysieren, um anschließend seinen Stil so ähnlich wie möglich zu imitieren. Zunächst arbeiteten die Studenten an der Übersetzung beispielsweise griechischer Perioden von Isokrates[*] ins Lateinische; schließlich wollte Sturm aber auch „die Kunst des lateinischen Periodenbaus in seine Muttersprache übertragen wissen" (/2/, S. 805); wobei er sich jedoch nach Meinung Eduard Nordens (Autor von /2/),

> „für zu gut gehalten hat .... Der Antithesenstil hat in unsere Sprache ... überhaupt nur geringe Aufnahme gefunden."
>
> /2/, S. 805

Gelobt wurde der ciceronianische Stil vor allem seiner ausgewogenen Gliederung (=*concinnitas*) wegen, und des damit zusammenhängenden antithetischen Baus. Genau diese beiden Aspekte sind bereits in der Einleitung der von mir übersetzten Aussöhnungserklärung der Fall, und so möchte ich die These wagen, dass der Text erst im Lateinischen zum Leben erweckt wird, und das Deutsche lediglich einen Versuch (bzw. ein Kunstprodukt) darstellt. Dieser erste Satz (auf den ich später noch näher eingehen möchte) ist bereits eine ciceronianische Periode par excellence.

Interessant ist, dass – so paradox es auch klingt – die Humanisten das Lateinische zwar einerseits wieder aufleben ließen, andererseits aber dem Lateinischen als Umgangssprache den Todesstoß versetzten: Das Latein hatte sich bis dato lebendig erhalten, da es sich

> „im Laufe eines Jahrtausends den unerhörten Erfordernissen eines wiederholten geistigen Umbruchs in einer rassisch so vielgestaltigen Umgebung geschmeidig angepasst hatte."

---

[*] Isokrates (436–338 v. Chr), griech. Redner und Gründer einer berühmten Rednerschule

/1/, S. 23

Die dadurch entstandenen Fehler (bzw. Differenzen des zeitgenössischen Mittellateins zur klassischen Latinität Ciceros und Cäsars) wurden durch radikale Bildungsreformen (beispielsweise unter Karl dem Großen) entfernt. Latein wurde somit zu einer reinen Bildungssprache, von dem sich das Volk schließlich sukzessive distanzierte.

Nach diesem historischen Rückblick, der den Hintergrund und die Tradition der lateinischen Nachahmung etwas beleuchten sollte, möchte ich meinen Blick nun noch einmal auf die Übersetzung richten, und dabei auf einzelne Phänomene, die teilweise schon oben beschrieben wurden, eingehen.

4.2 Zur Übersetzung des Textes

Schon beim Lesen des ersten Abschnittes fällt auf, dass der Text sehr gut strukturiert ist. Genauer betrachtet erkennt man, dass der eigentliche Hauptsatz ein sehr kurzer ist, der durch in Gedankenstriche eingeschobene Erläuterungen zu einer langen Periode wird und somit einen ganzen Abschnitt füllt. Diese Konstruktion mit den Schlüsselwörtern 'eingedenk', 'in Würdigung', 'in der Überzeugung', 'im Bewusstsein', 'im Bekenntnis' ist geradezu dafür prädestiniert, ins Lateinische übersetzt zu werden. Somit entschied ich mich für den nach ciceronianischem Vorbild gebildeten Parallelismus, indem ich jeweils vom Subjekt abhängige Partizipien mit *et* zu diesem langen und komplexen Satz verbunden habe. Dadurch, dass von den mit diesen gebildeten Konstruktionen noch weitere Nebensätze abhängig sind, wirkt der Satz komplex, und es bietet sich als exemplarisches Beispiel für diesen kunstvollen ersten Einleitungssatz ein Satzbild an:

Hauptsatz Nebensatz1 Nebensatz 2   (Erläuterungen)

<u>Magistratus</u> rei publicae foederatae Germaniae et rei publicae Cechiae –

>> et memores *pacti,*

  quod ante diem quartum Kalendas Martias A.D. MCMXCII res publicae foederatae et Germaniae

    et Cechiae Slovaciaeque de bona vicinitate et collaboratione familiari confecerunt,   (Relativsatz)

    quo Germani et Cechi se reconciliaverunt,   (Relativsatz)

>> et permoti *temporibus diuturnis,*

  quibus Germani et Cechi cum finitimo utiliter placideque convivebant et *plurimas res* creabant,   (Rs.)

      quibus cultus atque humanitas augebantur *quae*que adhuc constant,   (Relativsatz)

>> et persuasi iniuriam commissam non infectam quidem fieri,   (Accusativus cum infinitivo)

  leniri tamen posse,   (Weiterführung des Aci als Satzreihe)

  neque aliam iniuriam nasci oportere,   (Accusativus cum infinitivo)

>> et conscii rem publicam foederatam Germaniae rem publicam Cechiae vehementer adiuvare,   (Aci)

  ut in Societatem Europaeam atque Confoederationem Atlanticam Septemtrionalem recipiatur,   (Finals.)

    quia eis persuasum est hanc esse voluntatem utriusque populi,   (Kausalsatz)

>> et confidentes se ambo in rebus communibus *fide* atque *sinceritate* uti velle,   (Accusativus cum infinitivo)

  quae fundamenta sunt futurae et solidae amicitiae –   (Relativsatz)

communiter declarant: ...

Anhand dieses Satzbildes ist es auch am eindrucksvollsten möglich, auf die Notwendigkeit von Umformungen, Abänderungen etc. einzugehen.

Zunächst, um noch einmal auf die einleitenden Schlüsselwörter zurückzukommen, fällt auf, dass diese im Deutschen mit Substantiven gebildet sind, wohingegen ich für das Lateinische Partizipien gewählt habe. Ein grundlegender Unterschied, der sich auch durch den Rest der Arbeit zieht, ist also der in der lateinischen Sprache bevorzugte Verbalstil. Die Wiedergabe durch Substantive würde für den Römer seltsam und wohl nicht leicht verständlich klingen. Um einen solchen Satz also lateinisch umzuformen, bedarf es eines genauen Bedeutungsstudiums, d.h. man muss sich überlegen, was eine Wendung eigentlich ausdrücken soll, um diese dann entsprechend übersetzen zu können.

Im Übrigen habe ich das Ziel verfolgt, den Text so authentisch wie möglich wiederzugeben, was sich durch eine weitgehende Übertragung der Formulierung und des Satzbaus des Quelltextes zeigt. Vor allem auch deshalb, weil der deutsche Text großenteils in seiner Syntax nach lateinischem Vorbild geschrieben ist (verschachtelte Sätze, sehr gegliederte Struktur, Perioden) erschien es mir sinnvoll, den groben Aufbau und einige Konstruktionen bestehen zu lassen. Hervorragend kann man die zahlreichen 'dass'-Sätze als Accusativi cum infinitivo umformen.

Des Weiteren wollte ich soweit wie möglich den Text in klassischem Latein realisieren, was sich beispielsweise in der original römischen Datumsangabe ausdrückt, ferner in der Angabe der Geldbeträge. Bei beidem hätte ich auch auf neulateinische Bildungen zurückgreifen können, doch dies schien mir unangemessen. Trotzdem möchte ich hier auf die Alternativen hinweisen:

Übersetzung im Text	ante diem quartum Kalendas Martias A.D. MCMXCII	milies quadringenties centena milia marcarum
Erklärung	(= 4. Tag vor den Kalenden des Mai 1992 [NB: Schaltjahr])	1.400 × 100 × 1.000 = 140.000.000 DM
Alternative	dies vicesimus septimus mensis Februarii	DM|MCD| (Strich = Mio.) centum quadraginta miliones
deutsche Übersetzung	27. Februar 1997	140 Millionen DM

Tabelle

Bei Begriffen wie 'Nationalsozialismus' griff ich schließlich auf eine neuere Bildung (*socialismus nationalis*) zurück, da mir eine Umschreibung zu umständlich erschien. Sozialismus wäre ohnehin sehr schwer darstellbar gewesen; und die Umschreibung *ei, qui nimium suae genti Germanicae studebant*, die einen übersteigerten Nationalismus ausdrücken soll ('die, die sich nur mit sich selbst befassen...') fand ich – vor allem auch für andere – ohne Kommentar sehr schwer verständlich. Auch bei 'wirtschaftlicher Zusammenarbeit' habe ich auf ein griechisches Lehnwort zurückgegriffen und somit *collaboratio oeconomica* (Abs. VI) benutzt.

Im Übrigen fällt auf, dass der Text sonst großenteils mit klassisch-lateinischen Ausdrücken übersetzbar ist und es kaum der „Erfindung" neuer Wörter, bzw. Zusammensetzungen bedarf. So macht *magistratus* durchaus deutlich, dass es sich um die 'Regierung' handelt. Auch aktuelle Begriffe wie Völkerrecht, Menschenrecht etc. sind direkt übertragbar. Sogar 'Freizügigkeit' kann man anhand seiner Bedeutung übersetzen: 'das Recht, seinen Wohnraum auszuwählen' (= *facultas domicilium eligendi*; Abs. VI), wobei ich den Ausdruck als Gerundium konstruiert habe. Für einige geographische bzw. politische Begriffe bzw. Eigennamen wie 'Bundesrepublik', 'NATO', etc., habe ich neue Wortschöpfungen benötigt. Eine Zusammenstellung dieser Ausdrücke befindet sich unter „Verwendete Termini" (siehe dort). Doch auch hier benutzte ich größtenteils nur Vokabeln der klassisch-lateinischen Periode. Maßgabe dabei war besonders der Stowasser.

Um den sprachlichen Aspekt des Gesetzestextes noch etwas zu beleuchten, möchte ich zunächst auf die auffällige Einleitungsformel 'Beide Seiten (im Lat. *Utraque pars* bzw. *Ambae partes* – abhängig davon, ob 'jeder für sich' oder 'beide gemeinsam' gemeint sind)...' hinweisen. Ein solcher analoger Bau der Abschnitte wirkt kunstvoll und unterstreicht zugleich immer wieder, dass es sich um das Bestreben aller beider Vertragspartner handelt.

Auffallend im Vertragstext ist der Gebrauch vieler Hendiadioins, die die beschriebenen Sachverhalte so deutlich und eindringlich wie möglich unterstreichen sollen. Der Text wirkt dadurch teilweise recht ausschweifend, büßt aber dennoch nichts von seiner Klarheit und Verständlichkeit ein. Bei der Übertragung ins Lateinische bedarf es eines genauesten Bedeutungsstudiums, und man muss sich überlegen, ob eine direkte Übertragung möglich ist, oder ob nicht kleine Umformungen nötig sind, um den Text für „den Römer" nicht unverständlich zu machen. Beispiele für übersetzte Hendiadioins sind beispielsweise „Leid und Unrecht" (Abs. III): *miseria iniuriaque;* oder *vis et iniuria,* was für die nationalsozialistische Gewaltpolitik steht (Abs. II). Oft werden auch einfach Wortpaare verwendet, die zwar nicht bedeutungsgleich sind, aber dennoch in die gleiche Richtung weisen, e.g. 'gute Nachbarschaft und freundliche Zusammenarbeit' (*bona vicinitas et collaboratio familiaris*), '[die Zeit] fruchtbaren und friedlichen Zusammenlebens' (hier prädikativ: *[tempora, quibus ...] utiliter placideque convivebant;* Einl.).

Ich denke, in diesem Abschnitt auf die Vorzüge und Charakterisika der lateinischen Sprache hingewiesen zu haben. Ich habe dargelegt, dass und wie ein Vertragstext realisierbar ist. Im letzten Abschnitt meiner Interpretation werde ich nun noch auf eine mögliche praktische Anwendung des Lateinischen unserem heutigen Europa eingehen.

4.3 Plädoyer für das Lateinische als Vertragssprache innerhalb Europas

In diesem Abschnitt möchte ich nun noch einen Aspekt aufzeigen, der Latein als gemeinsame Sprache im Rechts- und Verwaltungswesen durchaus rechtfertigt. Vor dem Hintergrund nämlich, dass Verträge zwischen verschiedenen Ländern durch ihre unterschiedlichen Übertragungen immer potentielle Quellen von Differenzen sein können, erschiene eine universale und verbindliche Textausgabe wünschenswert. Freilich müsste dies nicht zwingend Latein sein, doch in Anbetracht der vielen Vorteile dieser Sprache (Genauigkeit, Präzision, ...), und wenn man bedenkt, dass sie der Ursprung unserer heutigen europäischen Sprachen ist, bietet sie sich eigentlich förmlich an.

Warum ich gerade diesen Aspekt einer Universalsprache hier bringe, hat auch einen aktuellen Bezug zur Aussöhnungserklärung: So gab es teilweise von tschechischer Seite massive Kritik an der Übertragung des Wortes 'Vertreibung', einem Begriff, „der bisher in der politischen Sprache ... nicht angewendet worden war" (/2/, S. A41664). So könnte es durchaus sein, dass sich daran noch ein Rechtsstreit entzündet, und dann stünden die Gerichte vor der Schwierigkeit, eine adäquate Lösung zu finden, wobei beide Vertragstexte nur in Verbindung (also nicht isoliert) gültig sind und ausgelegt werden müssen. Problematisch bei solchen bi- oder gar multilateralen Verträgen (man denke an den Vertrag von Maastricht in elf europäischen Amtssprachen) ist nämlich die Inkongruenz von einzelnen Begrifflichkeiten, d.h. exakte Übersetzungen und Eindeutigkeit, was eigentlich gerade in Verträgen nötig wäre, gibt es nicht. Zu diesem Problem, die Aussöhnungserklärung betreffend, meinte der Polnische Rundfunk:

> *„Man weiß noch nicht, wie Formulierungen gelöst wurden, die praktische Folgen nach sich ziehen, wie z.B. das umstrittene Wort 'Vertreibung'. Dieser Begriff würde den Sudetendeutschen den Weg zu Entschädigungen öffnen, die den tschechischen Haushalt ruinieren könnten"*

> /2/, S. A41668

Eine verbindliche und einheitliche Rechts- bzw. Verwaltungssprache für Europa wäre schließlich nicht nur wünschenswert, sondern auch unabdingbar, wenn wir „den Bundesstaat Europa" günden wollen. Dass Latein eine lange Tradition hat, beweist die Tatsache, dass es im Ungarischen Parlament noch bis 1840 Verhandlungssprache war – und in Polen sogar noch länger. Aber auch heute kommt Latein immer wieder ins Gespräch. Dies zeigen Vorschläge von zwei ehemaligen niederländischen Abgeordneten des Europa-Parlaments, Schelto Patijn und Arie van der Hek, Latein als gemeinsame Sprache in Europa zu verwenden. Auch M. von Donat behauptete einmal: „Ohne einheitliche Verständigungssprache werden wir die staatliche Solidarität Europas nie erreichen" (EG Magazin 10/77, zitiert in /1/). Dabei muss man jedoch nüchtern bemerken, dass es sehr utopisch ist, Latein als *Verständigungssprache* etablieren zu wollen. Auch denke ich, dass dies gar nicht unbedingt nötig oder erstrebenswert ist, da mittlerweile das Englische und Französische als Amtssprachen in der Europäischen Union fungieren. Aber trotz allem sollte man sich ernsthaft fragen, ob man auf die unbestreitbaren Vorteile des Lateinischen als einheitliche *Vertragssprache* in einem vereinten Europa wirklich verzichten will.

Ich hoffe, mit meiner Arbeit einige Denkanstöße vermittelt zu haben.

* * *

5. Deutsch-Tschechische Erklärung über die gegenseitigen Beziehungen

– Deutsche Vorlage im Originalwortlaut –

Die Regierungen der Bundesrepublik Deutschland und der Tschechischen Republik – eingedenk des Vertrags vom 27. Februar 1992 zwischen der Bundesrepublik Deutschland und der Tschechischen und Slowakischen Föderativen Republik über gute Nachbarschaft und freundschaftliche Zusammenarbeit, mit dem Deutsche und Tschechen einander die Hand gereicht haben, in Würdigung der langen Geschichte fruchtbaren und friedlichen Zusammenlebens von Deutschen und Tschechen, in deren Verlauf ein reiches kulturelles Erbe geschaffen wurde, das bis heute fortwirkt, in der Überzeugung, dass zugefügtes Unrecht nicht ungeschehen gemacht, sondern allenfalls gemildert werden kann, und dass dabei kein neues Unrecht entstehen darf, im Bewusstsein, dass die Bundesrepublik Deutschland die Aufnahme der Tschechischen Republik in die Europäische Union und die Nordatlantische Allianz nachdrücklich und aus der Überzeugung heraus unterstützt, dass dies im gemeinsamen Interesse liegt, im Bekenntnis zu Vertrauen und Offenheit in den beiderseitigen Beziehungen als Voraussetzung für dauerhafte und zukunftsgerichtete Versöhnung – erklären gemeinsam:

I

Beide Seiten sind sich ihrer Verpflichtung und Verantwortung bewusst, die deutsch-tschechischen Beziehungen im Geiste guter Nachbarschaft und Partnerschaft weiter zu entwickeln und damit zur Gestaltung des zusammenwachsenden Europas beizutragen.

Die Bundesrepublik Deutschland und die Tschechische Republik teilen heute gemeinsame demokratische Werte, achten die Menschenrechte, die Grundfreiheiten und die Normen des Völkerrechts und sind den Grundsätzen der Rechtsstaatlichkeit und einer Politik des Friedens verpflichtet. Auf dieser Grundlage sind sie entschlossen, auf allen für die beiderseitigen Beziehungen wichtigen Gebieten freundschaftlich und eng zusammenzuarbeiten.

Beide Seiten sind sich zugleich bewusst, dass der gemeinsame Weg in die Zukunft ein klares Wort zur Vergangenheit erfordert, wobei Ursache und Wirkung in der Abfolge der Geschehnisse nicht verkannt werden dürfen.

II

Die deutsche Seite bekennt sich zur Verantwortung Deutschlands für seine Rolle in einer historischen Entwicklung, die zum Münchner Abkommen von 1938, der Flucht und Vertreibung von Menschen aus dem tschechoslowakischen Grenzgebiet sowie zur Zerschlagung und Besetzung der Tschechoslowakischen Republik geführt hat.

Sie bedauert das Leid und das Unrecht, das dem tschechischen Volk durch die nationalsozialistischen Verbrechen von den Deutschen angetan worden ist. Die deutsche Seite würdigt die Opfer nationalsozialistischer Gewaltherrschaft und diejenigen, die dieser Gewaltherrschaft Widerstand geleistet haben.

Die deutsche Seite ist sich auch bewusst, dass die nationalsozialistische Gewaltpolitik gegenüber dem tschechischen Volk dazu beigetragen hat, den Boden für Flucht und Vertreibung und zwangsweise Aussiedlung nach Kriegsende zu bereiten.

III

Die tschechische Seite bedauert, dass durch die nach dem Kriegsende erfolgte Vertreibung sowie zwangsweise Aussiedlung der Sudetendeutschen aus der damaligen Tschechoslowakei, die Enteignung und Ausbürgerung unschuldigen Menschen viel Leid und Unrecht zugefügt wurde, und dies auch angesichts des kollektiven Charakters der Schuldzuweisung. Sie bedauert insbesondere die Exzesse, die im Widerspruch zu elementaren humanitären Grundsätzen und auch den damals geltenden rechtlichen Normen gestanden haben, und bedauert darüber hinaus, dass auf Grund des Gesetzes Nr. 115 vom 8. Mai 1946 ermöglicht wurde, diese Exzesse als nicht widerrechtlich anzusehen, und dass infolge dessen diese Taten nicht bestraft wurden.

IV

Beide Seiten stimmen darin überein, dass das begangene Unrecht der Vergangenheit angehört und werden daher ihre Beziehungen auf die Zukunft ausrichten. Gerade deshalb, weil sie sich ihrer Geschichte bewusst bleiben, sind sie entschlossen, in der Gestaltung ihrer Beziehungen weiterhin der Verständigung und dem gegenseitigen Einvernehmen Vorrang einzuräumen, wobei jede Seite ihrer Rechtsordnung verpflichtet bleibt und respektiert, dass die andere Seite eine andere Rechtsauffassung hat. Beide Seiten erklären deshalb, dass sie ihre Beziehungen nicht mit aus der Vergangenheit herrührenden politischen und rechtlichen Fragen belasten werden.

V

Beide Seiten bekräftigen ihre Verpflichtungen aus den Artikeln 20 und 21 des Vertrags über gute Nachbarschaft und freundschaftliche Zusammenarbeit vom 27. Februar 1992, in denen die Rechte der Angehörigen der deutschen Minderheiten in der Tschechischen Republik und von Personen tschechischer Abstammung in der Bundesrepublik Deutschland im einzelnen niedergelegt sind.

Beide Seiten sind sich bewusst, dass diese Minderheit und diese Personen in den beiderseitigen Beziehungen eine wichtige Rolle spielen und stellen fest, dass deren Förderung auch weiterhin im beiderseitigen Interesse liegt.

VI

Beide Seiten sind überzeugt, dass der Beitritt der Tschechischen Republik zur Europäischen Union und die Freizügigkeit in diesem Raum das Zusammenleben von Deutschen und Tschechen weiter erleichtern wird.

In diesem Zusammenhang geben sie ihrer Genugtuung Ausdruck, dass auf Grund des Europaabkommens über die Assoziation zwischen der Tschechischen Republik und den Europäischen Gemeinschaften und ihren Mitgliedstaaten wesentliche Fortschritte auf dem Gebiet der wirtschaftlichen Zusammenarbeit einschließlich der Möglichkeiten selbstständiger Erwerbstätigkeit und unternehmerischer Tätigkeit gemäß Artikel 45 dieses Abkommens erreicht worden sind.

Beide Seiten sind bereit, im Rahmen ihrer geltenden Rechtsvorschriften bei der Prüfung von Anträgen auf Aufenthalt und Zugang zum Arbeitsmarkt humanitäre und andere Belange, insbesondere verwandtschaftliche Beziehungen und familiäre und weitere Bindungen, besonders zu berücksichtigen.

VII

Beide Seiten werden einen deutsch-tschechischen Zukunftsfonds errichten. Die deutsche Seite erklärt sich bereit, für diesen Fonds den Betrag von jährlich 140 Millionen D-Mark zur Verfügung zu stellen. Die tschechische Seite erklärt sich bereit, ihrerseits für diesen Fonds den Betrag von 440 Millionen Kc zur Verfügung zu stellen. Über die gemeinsame Verwaltung dieses Fonds werden beide Seiten eine gesonderte Vereinbarung treffen.

Dieser gemeinsame Fonds wird der Finanzierung von Projekten gemeinsamen Interesses dienen (wie Jugendbegegnung, Altenfürsorge, Sanatorienbau und -betrieb, Pflege und Renovierung von Baudenkmälern und Grabstätten, Minderheitenförderung, Partnerschaftsprojekte, deutsch-tschechische Gesprächsforen, gemeinsame wissenschaftliche und ökologische Projekte, Sprachunterricht, grenzüberschreitende Zusammenarbeit).

Die deutsche Seite bekennt sich zu ihrer Verpflichtung und Verantwortung gegenüber all jenen, die Opfer nationalsozialistischer Gewalt geworden sind. Daher sollen die hierfür in Frage kommenden Projekte insbesondere Opfern nationalsozialistischer Gewalt zugute kommen.

VIII

Beide Seiten stimmen darin überein, dass die historische Entwicklung der Beziehungen zwischen Deutschen und Tschechen insbesondere in der ersten Hälfte des 20. Jahrhunderts der gemeinsamen Erforschung bedarf und treten daher für die Fortführung der bisherigen erfolgreichen Arbeit der deutsch-tschechischen Historikerkommission ein.

Beide Seiten sehen zugleich in der Erhaltung und Pflege des kulturellen Erbes, das Deutsche und Tschechen verbindet, einen wichtigen Beitrag zum Brückenschlag in die Zukunft.

Beide Seiten vereinbaren die Einrichtung eines deutsch-tschechischen Gesprächsforums, das insbesondere aus den Mitteln des deutsch-tschechischen Zukunftsfonds gefördert wird und in dem unter der Schirmherrschaft beider Regierungen und Beteiligung aller an einer engen und guten deutsch-tschechischen Partnerschaft interessierten Kreise der deutsch-tschechische Dialog gepflegt werden soll.

Prag, den 21. Januar 1997

Für die Regierung der Bundesrepublik Deutschland

Für die Regierung der Tschechischen Republik

6. Quellenangabe

[Interpretation]

/1/ Latein – Muttersprache Europas, Dr. Carl Vossen, Verlag Hubert Hoch (Düsseldorf), 1979

/2/ Die antike Kunstprosa (Band 2), Eduard Norden, Wissenschaftliche Buchgesellschaft Darmstadt, 1974

[Quelltext]

/3/ Archiv der Gegenwart, 66. Jahrgang 1996, Siegler & Co. Verlag

[Übersetzung]

– Lexicon auxiliare, Christian Helfer, Verlag der Societas Latina (Saarbrücken)

– Stowasser, Stowasser/Petschenig/Skutsch, R. Oldenbourg Verlag GmbH (München), 1994

– Lateinische Grammatik, Lindauer/Vester, Buchners/Oldenbourg Verlag, 1995

– Roma – Grammatik und Wortschatz, R. Ernstberger, Buchners/Lindauer/Oldenbourg Verlag, 1991

– Langenscheidts Taschenwörterbuch Latein, Langenscheidt KG

– Pons Standardwörterbuch, Ernst Klett Verlag, 1992